CHAMBRE DE COMMERCE DE GRAY

PROJET DE LOI

SUR LES

FAILLITES

Séance du 11 Août 1885

GRAY

TYPOGRAPHIE & LITHOGRAPHIE DE A. ROUX

1885

CHAMBRE DE COMMERCE DE GRAY

PROJET DE LOI

SUR LES

FAILLITES

Séance du 11 Août 1885

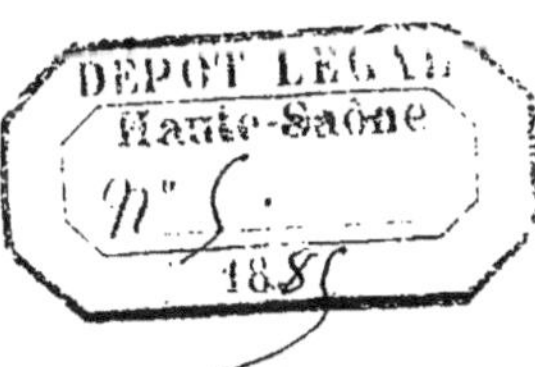

GRAY

TYPOGRAPHIE & LITHOGRAPHIE DE A. ROUX

1885

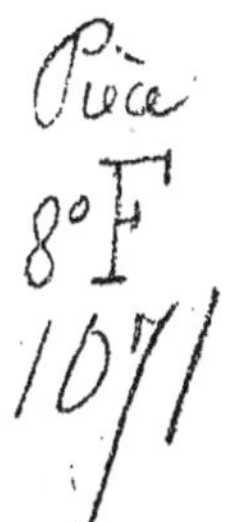

Séance du 11 Août 1885

PROJET DE LOI

SUR LES

FAILLITES

M. le président donne lecture du rapport ci-après, qu'il a préparé sur le projet de loi relatif à la réforme de la législation sur les faillites.

MESSIEURS,

J'ai l'honneur de vous soumettre le rapport résumant la discussion à laquelle la Chambre s'est livrée dans sa dernière séance sur le nouveau projet de loi sur les faillites.

La modification fondamentale, mais considérable, apportée par la Commission parlementaire à la loi actuelle de 1838, consiste dans la création de la liquidation judiciaire. Elle a pour objet de procurer au débiteur honnête, mais malheureux, une prompte solution pour régulariser sa situation obérée ; elle se propose d'y arriver, sans passer par l'état de faillite, par l'obtention d'un concordat régulier, légal, irrévocable, qui remplacerait les arrangements amiables actuels, presque toujours frauduleux, et qui ne sont généralement que le prélude d'une faillite ultérieure.

Ce serait, en un mot, un mode de réglement, couvert par la loi, entre le créancier et le débiteur de bonne foi.

Pour avoir droit au bénéfice de la liquidation judiciaire, le débiteur devra la demander dans les dix jours de la cessation de ses paiements.

Ce délai serait absolument de rigueur.

Cette mesure de faveur accordée, le débiteur reste à la tête de ses affaires ; il les continue sous la surveillance et les conseils d'un liquidateur, avec l'assistance d'un juge-commissaire, et sous le contrôle de plusieurs créanciers choisis par la masse, et appelés contrôleurs. La liquidation doit être conduite avec la plus grande célérité. Trois réunions de créanciers de quinzaine en quinzaine. Dans la première, examen de la situation ; dans la seconde, vérification des créances ; enfin, dans la troisième, vote sur le concordat. — S'il est consenti, la liquidation est terminée, le débiteur est libéré ; s'il est refusé, c'est alors la déclaration de faillite, la liquidation définitive et l'état d'union.

Il s'agit, vous le voyez, de venir en aide au débiteur de bonne foi, qui mérite des sympathies, de le relever rapidement, de lui permettre de continuer les mêmes affaires ou d'en entreprendre d'autres, et l'affranchir de la tache que laisse le mot de faillite.

Par conséquent, d'après le nouveau système proposé, la faillite n'est plus la règle invariable pour tout débiteur qui cesse ses paiements. Elle n'est prononcée qu'à défaut de la liquidation judiciaire ou par suite du refus d'un concordat, elle devient une pénalité très dure pour le débiteur qui n'aura pas observé la prescription légale d'arrêter ses affaires et de réclamer la liquidation judiciaire dans les dix jours de la cessation de ses paiements ; il ne sera plus un débiteur malheureux, mais bien un débiteur coupable ou tout au moins traité comme tel.

Puis, comme conséquence de ces dispositions, le Concordat dans l'état de faillite est supprimé. Il n'existe qu'en cas de liquidation judiciaire. Il sera donc rendu impossible pour tout débiteur qui n'aura pas déclaré son état de suspension de paiements, dans les dix jours de la cessation.

Tout en donnant, messieurs, votre approbation

aux grandes facilités accordées au débiteur honnête, pour se libérer, il vous a paru que le moyen
de le discerner était loin d'être suffisant. Vous
avez été frappés, en outre, de l'impossibilité pour
tout débiteur qui n'aura pas obtenu la liquidation
judiciaire d'arriver à un Concordat. Vous trouvez
cette mesure trop rigoureuse. Il vous semble
excessif de refuser à tout jamais la possibilité du
Concordat à un failli, uniquement parce qu'il
n'aura pas, dans les dix jours de la cessation de
ses paiements, remis au tribunal le soin de
liquider sa situation.

Celui qui n'aura pas perdu courage, dans un
moment difficile, qui, malgré sa signature pro-
testée, aura essayé vainement de faire face à ses
embarras financiers, sera de par la loi, considéré
comme un malhonnête homme. Ce sera la faillite
obligatoire et sans Concordat, quel que soit le
chiffre du dividende produit, quels que soient les
sacrifices que des parents, des amis pourront
consentir en faveur des créanciers.

Par contre, les bienveillances de la liquidation
judiciaire seront dues de plein droit, et, sans
doute, les avantages du Concordat seront accordés
au débiteur avisé, qui aura eu l'adresse d'éviter
les protêts, tout en perpétuant une mauvaise
situation qu'il aura obérée de plus en plus, mais

qui saura choisir son heure pour prévenir la justice qu'il cesse ses paiements.

Qui ne sait avec quelle facilité, pour en finir promptement avec une mauvaise affaire, une réunion de créanciers consent à un Concordat, et bien souvent avec un dividende dérisoire !

Au surplus, n'est-on pas autorisé à penser que cette condition de déclaration de suspension de paiement dans le terme fatal de dix jours ne sera pas plus respectée que ne l'est aujourd'hui l'art. 438 qui exige le dépôt du bilan dans les trois jours de la cessation des paiements.

Tout débiteur obligé de s'arrêter demandera sa mise en liquidation judiciaire. Le tribunal ignorant la date de la cessation de ses paiements ne pourra le lui refuser. Puis, dans le cours de la liquidation, ou on évitera de scruter le passé, ou on le dissimulera, pour liquider plus promptement et ne pas déclarer la faillite.

En un mot, le principe fondamental sur lequel est basée l'innovation proposée sera éludé ou faussé.

Pour en obtenir une saine application, vous estimez qu'on devrait laisser aux tribunaux un pouvoir discrétionnaire d'appréciation pour discerner les débiteurs méritant la faveur d'une liquidation judiciaire. Vous voudriez qu'elle fût appliquée non pas au débiteur arguant d'une suspension de paiements remontant à dix jours seulement — déclaration qui ne sera que bien rarement sincère — mais au débiteur justifiant au préalable de sa bonne foi et des causes qui ont entrainé sa perte.

Dans presque toutes les faillites, des comptes réguliers manquent ; le failli n'a pas tenu ses livres ou il les a fait disparaitre ; le syndic est obligé de rétablir une comptabilité plus ou moins incomplète, d'après des notes, des carnets, ou des renseignements verbaux.

Puisque la liquidation judiciaire ne doit durer que six semaines, il est indispensable que le liquidateur, les contrôleurs aient de suite sous les yeux tous les éléments d'appréciation, tous les moyens de se rendre compte de la position du débiteur et de ses dires. Et à cet effet, la production d'une comptabilité régulière, ou tout au moins de livres indiquant toutes les opérations, est nécessaire.

Aussi, vous demandez que la condition essentielle, *sine qua non*, pour l'admission de la liquidation judiciaire, consiste dans l'obligation de présenter une comptabilité, tous les livres de commerce et un bilan exact de la situation.

Au moyen de ces documents, le tribunal

appréciera s'il lui apparait que le débiteur mérite la faveur d'une liquidation judiciaire ou s'il doit déclarer la faillite.

En conséquence, *vous proposez que la liquidation judiciaire puisse être accordée à tout débiteur qui en sera reconnu digne par le tribunal.*

De cette façon, le but du législateur, de faciliter un arrangement au débiteur honnête, sera plus sûrement atteint qu'au moyen de la condition du délai de cessation de paiements.

Et comme on se propose également de faire disparaitre à l'avenir les traités amiables, la loi stipulerait que le Concordat légal de la liquidation judiciaire sera refusé à tout débiteur qui aura fait ou tenté de faire un Concordat de gré à gré avec ses créanciers.

Dans ces conditions, la loi de 1838 serait maintenue, sauf les améliorations que l'expérience a jugées nécessaires et qui sont dévéloppées dans le projet de loi, mais son tempérament, jugé parfois trop rigoureux, serait adouci par l'innovation de la liquidation judiciaire.

Après cet examen général, quelques observations de détail ont attiré votre attention ; je les ai résumées aussi succinctement que possible, passant sous silence toutes les modifications qui ont reçu votre adhésion.

·De la Liquidation judiciaire

Le jugement déclarant ouverte la liquidation judiciaire ne serait pas publié. Cette discrétion vous semble exagérée et vous êtes d'avis qu'il y a *nécessité de prévenir publiquement de la cessation de paiements d'un commerçant.*

Il n'est pas question d'inventaire. Mais alors, comment le liquidateur, les contrôleurs, s'assureront-ils de la sincérité de la position du débiteur ? — Vous pensez *qu'il est indispensable que l'on procède à l'inventaire des marchandises dès le début des opérations,* avant la première réunion des créanciers, et même, qu'il serait préférable qu'il fût produit, au moment de la demande de liquidation, en même temps que les livres et le bilan, dont il est un des éléments.

Vous demandez, pour la formation du Concordat, qu'il s'agisse de liquidation judiciaire ou de faillite, *le maintien de la disposition actuelle, qui exige une majorité des créanciers représentant les trois quarts du passif* tandis que le projet réduit cette proportion aux deux tiers. Le créancier est encore plus digne d'intérêt que le failli, et si la loi lui impose un abandon de ses droits, cette obligation doit tout au moins être entourée de garanties sérieuses.

Le débiteur concordataire par suite de la liquidation, conserverait son droit d'électeur, mais il ne pourrait être investi d'un mandat commercial ; il ne serait pas éligible aux fonctions du tribunal ou de la Chambre de commerce, etc. Vous estimez que, jusqu'à la réhabilitation, on doit refuser à celui qui a fait preuve tout au moins d'imprudence ou d'incapacité dans la gestion de ses propres affaires *l'éligibilité aux diverses fonctions civiles ou politiques*.

Vous désirez que le Concordat *ne puisse être consenti que sous la promesse d'un dividende minimum déterminé par la loi;*

Le débiteur honnête, à qui l'on vient en aide et auquel on donne toutes facilités pour continuer les affaires, ne doit pas oublier absolument le passé, et il est juste de l'obliger à faire profiter ses anciens créanciers d'une partie des bénéfices qu'il pourra réaliser. Cette condition aura, en outre, l'avantage de mettre fin à ces concordats scandaleux, obtenus au moyen d'un dividende dérisoire, et qui ne sont souvent pour le bénéficiaire qu'une excellente affaire.

Vous demandez *qu'il soit inséré dans la loi que la liquidation judiciaire ne pourra être accordée qu'une seule fois.* — Autrement, ce serait ouvrir la porte de la spéculation du Concordat aux habiles, aux audacieux sachant simuler des malheurs. Le spectacle de fortunes faites à la suite de plusieurs arrangements successifs doit disparaître en même temps que les Concordats amiables.

De la Faillite

Le projet propose de remplacer le mot *Syndic* par le mot *Administrateur*. — Vous repoussez ce changement de qualification, bien inutile, préférant conserver une appellation comportant des attributions connues de tout le monde.

Vous demandez qu'il soit inséré une disposition par laquelle *le jugement déclaratif de faillite emporterait de plein droit la séparation de biens de la femme*, sauf à laisser à celle-ci la faculté de renoncer aux effets de cette séparation. — Actuellement, cette séparation est toujours, on peut le dire, demandée, et les frais qu'elle entraine sont, d'après la jurisprudence, à la charge de la masse. Ce sont ces frais qu'il faudrait, dans l'avenir, éviter.

Le projet de loi propose de modifier l'art. 163 du Code de commerce, en refusant au porteur d'une lettre de change le droit d'exercer immédiatement son recours, en cas de faillite de l'accepteur. Cette disposition ne vous paraît pas heureuse. Elle modifie le caractère de la lettre de change. Elle annihile momentanément dans le portefeuille du porteur une valeur qui doit toujours être la représentation de la somme qu'elle indique.

A votre avis, *il y a lieu de maintenir l'art. 163, sans modification*.

Au sujet de la réhabilitation, il serait sage, avez-vous dit, de la faciliter en permettant légalement aux créanciers une remise de partie ou de la totalité des intérêts.

La loi ne ferait que consacrer la pratique. Presque toujours, les quittances pour solde, intérêts compris, que doit produire le failli ne sont que le résultat d'un compromis entre ses créanciers et lui.

Le projet reproduit, sur le droit des femmes, le texte de 1838. Le rapporteur s'est livré à un long examen juridique de cette délicate question, connexe du Code civil, pour expliquer le maintien de l'état de choses actuel. Contrairement à ses conclusions, vous auriez vu avec satisfaction introduire dans la loi l'innovation suivante, destinée à mieux sauvegarder les droits des créanciers.

Vous voudriez que les deniers de la femme, apportés en dot, provenant de successions, de legs ou de donations, résultant d'aliénation de biens immobiliers, « *toutes les fois que la délivrance de la dernière aura été faite au mari* » fûssent de plein droit acquis, en cas de faillite, à la masse des créanciers ; en d'autres termes, *la femme ne devrait pas pouvoir exercer de recours contre la masse pour tous les fonds lui appartenant, lorsqu'ils auront été confondus avec ceux du mari.*

Telles sont, messieurs, vos observations sur le projet de loi ; elles seront adressées, après votre adhésion, à M. le Ministre du commerce.

La Chambre de commerce, après discussion, adopte dans ses termes et conclusions le rapport qui précède et décide qu'il sera transmis à M. le Ministre du commerce, en réponse à sa lettre circulaire du 23 février 1885.

Pour copie conforme :

Le Président de la Chambre de Commerce de Gray,

A. BASSOT.